संजीव कपूर

मशरूम का खुमार

अल्योना कपूर के सहयोग से

Popular Prakashan
www.popularprakashan.com

राजपाल

खाना ख़ज़ाना पब्लिकेशन्स प्रा. लि. के लिए
पॉप्युलर प्रकाशन प्रा. लि. द्वारा प्रकाशित
पॉप्युलर प्रकाशन प्रा. लि.
301, महालक्ष्मी चेम्बर्स,
22, भुलाभाई देसाई रोड, मुंबई - 400 026

प्रथम प्रकाशन 2015

ISBN: 978-93-5064-346-4

अनुवादः अश्विनी पटवर्धन
रूपरेखाः महेंद्र घाणेकर, अंजली सावंत
रेखांकनः व्हाइट स्पेस क्रिएशन्स
फोटोग्राफीः भरत भिरंगी

सह-प्रकाशक
राजपाल एण्ड सन्ज़
कश्मीरी गेट, दिल्ली - 110006
Website: www.rajpalpublishing.com
Email: sales@rajpalpublishing.com

भारत में मुद्रित
सौरभ प्रिंटर्स प्रा. लि.
67 ए-68, इकोटेक , इक्सेटें-1
कासना, गेजएटर, नोयडा

लेखक की कलम से

मशरूम ना ही कोई सब्ज़ी है ना ही फल और ना ही किसी प्रकार का मांस परंतु फिर भी यह प्राचीन समय से हमारे भोजन का एक अभिन्न हिस्सा रहा है.

मशरूम एक प्रकार की फंगस है जिसकी लगभग 38,000 प्रजातियां उपलब्ध हैं और उनमें से केवल 1,841 ही खायी जा सकती हैं.

पोर्टोबेलो सबसे आम प्रकार का मशरूम है जिसे हम खा सकते हैं. कच्चा और बंद पोर्टोबेलो बटन मशरूम कहलाता है. बटन मशरूम ताज़े, फ्रोज़न या डिब्बाबंद रूप में बाज़ार में उपलब्ध हैं. इन्हें कच्चे भी खा सकते हैं पर पकाने पर यह अधिक स्वादिष्ट लगते हैं. अधपके पोर्टोबेलो को इसके मटमैले भूरे रंग की वजह से क्रिमिनी या इटेलियन ब्राउन कहा जाता है. पूरी तरह से पका हुआ पोर्टोबेलो मशरूम भूरे रंग का होता है और इसका आकार लगभग बर्गर बन जितना होता है. इसे शैंपिनॉन भी कहते हैं.

इसके अलावा पोर्सिनो और मोरेल्स मशरूम भी खूब पसंद किए जाते हैं. यूरोप एवं अमेरिका में हर साल हज़ारों की तादाद में मशरूम प्रेमी जंगलों में मोरेल्स इकठ्ठा करने जाते हैं. ये मुख्यतः पेड़ों के नीचे उगते हैं.

जापान में भी कई प्रकार के मशरूम होते हैं. इनमें मुख्य है ओक के कुन्दे पर उगने वाला शाइटिके. इसके अलावा इनोकी ऑयस्टर और शेंटेरेलि भी वहां बहुतायत में मिलते हैं.

इस किताब में मशरूम से बनने वाले कई तरह के स्वादिष्ट व्यंजन दिए हैं. इन्हें बनाएं और इनका मजा लें. जैसे मशरूम एण्ड पनीर क्लियर सूप, फल-सब्ज़ सीख़ और मशरूम किश.

प्रत्येक पाकविधि चार व्यक्तियों के लिए पर्याप्त है.

हैप्पी कुकिंग!

अनुक्रमणिका

सूप, सलाद एवं स्नैक्स

मेन कोर्स

राइस

मशरूम सूप

सामग्री

200 ग्राम ताज़े मशरूम

2 मध्यम आकार के प्याज़, मोटे कटे हुए

300 मिली दूध

2 तेजपत्ते

5-6 काली मिर्च

4 लौंग

2 बड़े चम्मच मक्खन

1 बड़ा चम्मच मैदा

¾ कप ताज़ा क्रीम

नमक स्वादानुसार

½ छोटा चम्मच सफ़ेद मिर्च पाउडर

चुटकी भर जायफल पाउडर

विधि

1. चार से पांच मशरूमों की फांकें कर लें और बाकी बचे मशरूमों को मोटा-मोटा काट लें.
2. दूध में तेजपत्ते, काली मिर्च और लौंग डालकर उबाल लें. छानें और दूध को गरम ही रखें.
3. एक पैन में मक्खन गरम करें. इसमें प्याज़ और कटे हुए मशरूम डालकर नरम हो जाने तक पकाएं. मैदा डालें और मैदे के कच्चेपन की सुगंध दूर हो जाने तक भूनें. इस बात का ध्यान रखें कि मैदा जल न जाए.

4. पैन में थोड़ा-थोड़ा दूध डालते जाएं और लगातार हिलाते जाएं ताकि उसमें गुठलियां न पड़ें. मिश्रण को पांच मिनट तक पकाएं. ठंडा होने पर इसकी प्यूरी बना लें. सूप एकदम चिकना होना चाहिए और वह बहुत ज़्यादा पतला नहीं होना चाहिए.

5. सूप में एक उबाल लाएं और यदि आवश्यक हो तो थोड़ा और दूध डालें. अब इसमें क्रीम डालें. थोड़ा क्रीम सजाने के लिए अलग निकाल कर रखें. सूप में नमक, काली मिर्च पाउडर और जायफल पाउडर डालकर अच्छी तरह मिलाएं.

6. अलग से निकाल कर रखे हुए क्रीम और मशरूम की फांकों से सजाकर गरमागरम सूप पीने को दें.

शेफ़ का सुझाव

सजाने के लिए मशरूम की कच्ची फांकों का इस्तेमाल करें.
आप चाहें तो इन फांकों को थोड़े से मक्खन या तेल में भून भी सकते हैं.

मशरूम सूप विद लाइट सोया सॉस

सामग्री

30 ग्राम ताज़े बटन मशरूम

1 छोटा चम्मच लाइट सोया सॉस

3 कप वेजिटेबल स्टॉक (पृष्ठ क्र. 18)

150 ग्राम सिल्कन तोफू, छोटे चौकोर टुकड़े किया हुआ

नमक स्वादानुसार

½ छोटा चम्मच काली मिर्च पाउडर

4 छोटे चम्मच कटी हुई हरे प्याज़ की पत्तियां

विधि

1. एक गहरे पैन में वेजिटेबल स्टॉक और लाइट सोया सॉस लें. इस मिश्रण में एक उबाल लाएं.
2. फिर इसमें मशरूम और तोफू डालकर धीमी आंच पर तीन से चार मिनट तक पकाएं पर मिश्रण को उबालें नहीं. नमक और काली मिर्च पाउडर डालकर अच्छी तरह से मिला लें.
3. तैयार सूप कड़छी से बाउल्स में भरें. हरे प्याज़ की पत्तियों से सजाएं और गरमागरम सूप सर्व करें.

मशरूम कापुचिनो

सामग्री

15 बड़े व ताज़े बटन मशरूम, मोटी फांकें किए हुए

1 बड़ा चम्मच मक्खन

1 तेजपत्ता

1 छोटा प्याज़, कटा हुआ

4-6 लहसुन की कलियाँ, कटी हुई

4 कप वेजिटेबल स्टॉक (पृष्ठ क्र. 18)

नमक स्वादानुसार

¼ छोटा चम्मच सफ़ेद मिर्च पाउडर

¾ कप क्रीम

2 कप दूध, ठंडा

1 छोटा चम्मच दालचीनी पाउडर

विधि

1. एक भारी पेंदे के पैन में मक्खन पिघलाएं. इसमें तेजपत्ता, प्याज़ और लहसुन डालकर दो से तीन मिनट तक या प्याज़ के थोड़े से पारदर्शी होने तक भूनें.
2. मशरूम डालें और एक मिनट तक भूनें. एक कप वेजिटेबल स्टॉक डालें और पांच मिनट तक पकाएं. आंच पर से उतार लें और ठंडा होने दें. तेजपत्ता निकाल दें.

3. पकाए हुए मशरूमों की प्यूरी बना लें और फिर इसमें बचा हुआ वेजिटेबल स्टॉक डालें. इसे फिर से आंच पर रखें और एक उबाल लाएं. नमक और सफ़ेद मिर्च पाउडर डालें. आंच कम कर दें और धीमी आंच पर इसे लगभग दो से तीन मिनट तक उबलने दें.

4. क्रीम डालें और आंच पर से उतार लें. तैयार सूप कपों में भरें. इसे गरम ही रखें.

5. ठंडे दूध को एक ठंडे बाउल में निकाल लें. इसे कांटे के चम्मच से तब तक फेंटे जब तक कि गाढ़ा झाग न तैयार हो जाए. कड़छी से ऊपर का झाग उठाएं और उसे गरमागरम मशरूम सूप पर डाल दें. इससे सूप कापुचिनो की तरह दिखने लगेगा.

6. दालचीनी पाउडर छिड़कें और गरमागरम सूप तुरंत सर्व करें.

शेफ़ का सुझाव

गाढ़ा झाग बनाने के लिए हाई–फैट (अधिक वसा) वाला दूध इस्तेमाल करें.

ज़ुप्पा डी फंगाई

सामग्री

5-6 सूखे हुए शेंटेरेलि मशरूम, भिगोकर पतली पट्टियों में कटे हुए

25-30 ताज़े बटन मशरूम, फांकें किए हुए

6 बड़े चम्मच मक्खन

5 लहसुन की कलियां, कटी हुई

2 मध्यम आकार के प्याज़, फांकें किए हुए

2 बड़े चम्मच मैदा

5 कप वेजिटेबल स्टॉक (पृष्ठ क्र. 18)

½ छोटा चम्मच मिक्स्ड ड्राइड हर्ब्स

नमक स्वादानुसार

5-6 काली मिर्च, ताज़ी पीसी हुई

विधि

1. पैन में एक बड़ा चम्मच मक्खन गरम करें. इसमें सूखे हुए मशरूमों की पट्टियां डालें. इसे धीमी आंच पर पांच मिनट तक हल्के हाथों से चलाते हुए भूनें. मशरूम की पट्टियों को निकालकर अलग रख दें.
2. अब इसी पैन में तीन बड़े चम्मच मक्खन डालें. इसमें लहसुन और प्याज़ डालकर दो मिनट तक भूनें. इन्हें भूरा न होने दें. बटन मशरूम डालकर और पांच मिनट तक भूनें.
3. एक अलग पैन में दो बड़े चम्मच मक्खन गरम करें. मैदा डालें और दो मिनट तक भूनें. वेजिटेबल स्टॉक डालकर दो मिनट तक

लगातार चलाते रहें ताकि उसमें गुठलियां न पड़ें.

4. अब इसमें प्याज़ और मशरूम का मिश्रण डालें और पांच मिनट तक धीमी आंच पर उबलने दें. ड्राइड हर्ब्स, नमक और ताज़ा पीसी काली मिर्च डालें. ठंडा होने के लिए अलग रख दें.

5. इस मिश्रण की फूड प्रोसेसर में या ब्लेंडर में प्यूरी बना लें. प्यूरी को एक साफ पैन में छान लें. यदि प्यूरी ज़्यादा गाढ़ी हो तो इसमें थोड़ा और स्टॉक मिलाएं. चखकर मसाले स्वादानुसार कर लें. सूप को एक बार फिर से उबालें. तले हुए सूखे मशरूमों से सजाएं और गरमागरम सूप तुरंत सर्व करें.

शेफ़ का सुझाव

यदि शेंटेरेलि मशरूम उपलब्ध न हो तो आप कोई भी और ड्राइड मशरूम इस्तेमाल कर सकते हैं.

मशरूम सूप विद चिलीज़

सामग्री

20–25 ताज़े बटन मशरूम, चार टुकड़े किए हुए

4 कप वेजिटेबल स्टॉक (पृष्ठ क्र. 18)

1 बड़ा चम्मच तेल

नमक स्वादानुसार

1 इंच अदरक, पतली पट्टियों में कटा हुआ

¼ कप कटा हुआ ताज़ा हरा धनिया

4–5 स्टॉक हरे प्याज़ की पत्तियां, कटी हुई

चिली पेस्ट

1 बड़ा चम्मच तेल

4 सूखी लाल मिर्चें, दो टुकड़े की हुई

4 छोटे प्याज़, कटे हुए

3 लहसुन की कलियां, कटी हुई

1 इंच गालंगल, फांकें किया हुआ

विधि

1. चिली पेस्ट बनाने के लिए सबसे पहले पैन में तेल गरम करें. फिर इसमें सूखी लाल मिर्चें, छोटे प्याज़, लहसुन और गालंगल डालकर चार से पांच मिनट तक भूनें.
2. ठंडा करें और फिर पीसकर चिकनी पेस्ट तैयार कर लें.
3. सूप के लिए एक अलग पैन में एक बड़ा चम्मच तेल गरम करें. इसमें मशरूम डालें और एक मिनट तक भूनें. मशरूमों को एक प्लेट में निकाल लें.
4. अब इसी पैन में वेजिटेबल स्टॉक डालें और एक उबाल लाएं.
5. फिर इसमें नमक, भुने हुए मशरूम और अदरक की पट्टियां डालें. चिली पेस्ट डालकर धीमी आंच पर पांच मिनट तक उबलने दें.
6. ताज़ा हरा धनिया और हरे प्याज़ की पत्तियां डालकर गरमागरम सूप तुरंत सर्व करें.

मशरूम एण्ड पनीर क्लियर सूप

सामग्री

6 ताज़े बटन मशरूम, फांकें किए हुए
150 ग्राम पनीर, कद्दूकस किया हुआ
½ बड़ा चम्मच मैदा
1 छोटा चम्मच तेल + तलने के लिए
2 हरे प्याज़, कटे हुए
2 लहसुन की कलियां, कटी हुई
4–5 कप वेजिटेबल स्टॉक (पृष्ठ क्र. 18)
नमक स्वादानुसार
½ बड़ा चम्मच सोया सॉस
¼ छोटा चम्मच MSG (ऐच्छिक)
1 सेलरी स्टॉक, कटी हुई
8–10 काली मिर्च, कुटी हुई
¼ कप ब्लांच की हुई सेवईं
1½ छोटे चम्मच नींबू का रस
4–5 तुलसी की ताज़ी पत्तियाँ

विधि

1. कद्दूकस किए हुए पनीर में मैदा डालें और अच्छी तरह गूंधकर चिकना आटा तैयार कर लें. इसके आठ बराबर भाग करें और फिर उनके गोले बना लें. कड़ाही में तेल गरम करें. तेल में इन गोलों को हल्का सुनहरा होने तक

तल लें. निकालकर तेल सोखने वाले कागज़ पर रखें.

2. एक कड़ाही में एक छोटा चम्मच तेल गरम करें. इसमें हरा प्याज़ और लहसुन डालकर आधे मिनट तक मध्यम आंच पर भूनें. मशरूम डालें और एक मिनट तक भूनें.
3. वेजिटेबल स्टॉक डालें और एक उबाल आने दें. नमक, सोया सॉस, MSG, सेलरी और कुटी हुई काली मिर्च डालें. बिना ढके धीमी आंच पर चार से पांच मिनट तक उबालें.
4. सेवईं और तले हुए पनीर के गोले डालें. नींबू का रस डालें.
5. इसे तुरंत कड़छी से बाउलों में भरें. हाथ से तोड़ी हुई तुलसी की पत्तियों से सजाकर गरमागरम सूप सर्व करें.

वेजिटेबल स्टॉक

1 प्याज़, ½ मध्यम आकार की गाजर, 2-3 इंच सेलरी स्टॉक और 2-3 लहसुन की कलियों को धोएं, छीलें और फिर काट लें. इन्हें एक पैन में डालें. फिर इसमें 1 तेजपत्ता, 5-6 काली मिर्च, 2-3 लौंग और पांच कप पानी डालकर एक उबाल लाएं. आंच कम कर दें और इसे लगभग पंद्रह मिनट तक उबलने दें. इसे छानें और फिर ठंडा होने दें. ठंडा होने के बाद इसे फ्रिज में रख दें. आवश्यकतानुसार इस्तेमाल करें.

मशरूम सलाद

सामग्री

10–12 ताज़े बटन मशरूम, चार टुकड़े किए हुए

10–12 चेरी टमाटर

1 छोटा आइसबर्ग लेट्यूस हेड, बड़े टुकड़े तोड़े हुए

1 छोटा संतरा, छीलकर फांकें अलग की हुई

2–3 बड़े चम्मच संतरे का रस

2 छोटे चम्मच जैतून का तेल

नमक स्वादानुसार

1 बड़ा चम्मच काली मिर्च, ताज़ी पीसी हुई

विधि

1. एक बड़े बाउल में बटन मशरूम लें. इसमें चेरी टमाटर, लेट्यूस, संतरे की फांकें, संतरे का रस, जैतून का तेल, नमक और काली मिर्च डालकर उछालते हुए अच्छी तरह मिला लें.
2. सलाद को फ्रिज में रखकर ठंडा करें और फिर सर्व करें.

शेफ़ का सुझाव

लेट्यूस के पत्तों को बर्फ़ के ठंडे पानी में डालकर रखें ताकि ये करारे और ताज़े बने रहें.

मिन्टेड मशरूम

सामग्री

1 कप ताज़ा पुदीना

400 ग्राम मशरूम, चार टुकड़े किए हुए

2 बड़े चम्मच नींबू का रस

नमक स्वादानुसार

1 मध्यम आकार की ककड़ी, छीलकर
½ इंच के टुकड़े किए हुए

1 मध्यम आकार का टमाटर, बीज निकालकर
½ इंच के टुकड़े किए हुए

3 बड़े चम्मच मलाई रहित दूध का दही

4–5 पत्तागोभी या लेट्यूस के पत्ते

विधि

1. एक भारी पेंदे वाले बर्तन में मशरूम लें. इसमें नींबू का रस और थोड़ा सा नमक डालें. इन्हें धीमी आंच पर लगभग दस मिनट तक सेंकें. फिर अलग रख दें.
2. पुदीने की पत्तियों को बारीक काट लें. एक–दो टहनियों को सजाने के लिए अलग रख दें.
3. मशरूम, ककड़ी, टमाटर और कटे हुए पुदीने को एक बाउल में मिला लें. इसमें दही और नमक डालकर हल्के से उछालते हुए अच्छी तरह मिला लें.
4. तैयार सलाद को पुदीने की टहनियों से सजाकर पत्तागोभी या लेट्यूस के पत्तों पर सर्व करें.

मशरूम एण्ड चीज़ सलाद

सामग्री

10-12 ताज़े बटन मशरूम, चार टुकड़े किए हुए

100 ग्राम प्रोसेस्ड चीज़, छोटे चौकोर टुकड़े किए हुए

4 लेट्यूस के बड़े पत्ते, बड़े टुकड़े तोड़े हुए

2 लहसुन की कलियां, कटी हुई

3 बड़े चम्मच विनाएग्रेटे (नीचे देखें)

1 बड़ा चम्मच बारीक कटा ताज़ा हरा धनिया

विधि

1. एक बड़ा बाउल लेकर उसमें मशरूम, चीज़, लेट्यूस के पत्तों और लहसुन को मिला लें.
2. फिर विनाएग्रेटे डालें और उछालते हुए अच्छी तरह मिला लें. फिर इसे बीस मिनट तक फ्रिज में रखें. ताज़े कटे हरे धनिये से सजाएं और ठंडा-ठंडा सलाद सर्व करें.

विनाएग्रेटे

ग्लास जार में ½ कप जैतून का तेल, 2 बड़े चम्मच विनेगर, 1 छोटा चम्मच मस्टर्ड पेस्ट, 6-8 कुटी हुई काली मिर्च और स्वादानुसार नमक लें. ढक्कन लगाकर जार अच्छी तरह से बंद कर दें. इसे शेक करें ताकि सारी सामग्री अच्छी तरह से मिक्स हो जाए.

ग्रिल्ड चिकन एण्ड मशरूम सलाद

सामग्री

2 (150 ग्राम प्रत्येक) बोनलेस चिकन ब्रेस्ट्स
6 ताज़े बड़े बटन मशरूम, मोटी फांकें की हुई
नमक स्वादानुसार
½ छोटा चम्मच काली मिर्च पाउडर
½ छोटा चम्मच मस्टर्ड पेस्ट
½ छोटा चम्मच लहसुन की पेस्ट
2 बड़े चम्मच तेल
1 मध्यम आकार की पीली शिमला मिर्च
1 मध्यम आकार की लाल शिमला मिर्च
6 काले जैतून, बीज निकालकर फांकें किए हुए
½ आइसबर्ग लेट्यूस हेड, बड़े टुकड़े तोड़े हुए

ड्रेसिंग

1 बड़ा चम्मच जैतून का तेल
1½ बड़े चम्मच नींबू का रस
7-8 काली मिर्च, कुटी हुई
2 छोटे चम्मच पीसी हुई शक्कर
नमक स्वादानुसार

विधि

1. चिकन ब्रेस्ट पर नमक, काली मिर्च पाउडर, मस्टर्ड पेस्ट और लहसुन की पेस्ट लगाकर बीस मिनट तक मेरीनेट होने के लिए अलग रख दें.
2. ड्रेसिंग की सारी सामग्री एक छोटे बाउल में मिला लें.
3. चिकन ब्रेस्ट को दस से बारह मिनट तक ग्रिल करें. ठंडा करें और उसकी फांकें करके उन्हें अलग रख दें.
4. मशरूम पर तेल लगाएं और उन्हें दो मिनट तक ग्रिल करें. फिर इनके चार टुकड़े करके इन्हें भी अलग रख दें.
5. पीली और लाल शिमला मिर्च पर तेल लगाएं और उन्हें भी दस मिनट तक ग्रिल कर लें. उन्हें बीच में एक दो बार पलटें ताकि वे सब तरफ से एक समान रूप से पक जाएं. बीच में से काटकर इनके दो टुकड़े कर लें. बीज निकाल दें और टुकड़ों की पतली-पतली फांकें कर लें.
6. एक बड़ा बाउल लेकर उसमें चिकन, मशरूम, शिमला मिर्चों, जैतून और लेट्यूस के पत्तों को मिला लें.
7. सलाद पर ड्रेसिंग डालें और उछालते हुए अच्छी तरह मिला लें. तुरंत सर्व करें.

मशरूम्स इन बालसेमिक विनेगर

सामग्री

400 ग्राम ताज़े बटन मशरूम, चार टुकड़े किए हुए

2 छोटे चम्मच बालसेमिक विनेगर

नमक स्वादानुसार

2 छोटे चम्मच लहसुन पेस्ट

5-6 तुलसी की ताज़ी पत्तियां, तोड़ी हुई

5 बड़े चम्मच शक्कर

½ छोटा चम्मच काली मिर्च, कुटी हुई

विधि

1. मशरूमों को नमक, लहसुन पेस्ट और तुलसी की पत्तियों के मिश्रण में लगभग दो घंटे तक मेरीनेट करें.
2. पैन में शक्कर गरम करें. इसमें एक बड़ा चम्मच पानी डालें और लगातार चलाते हुए शक्कर को हलके भूरे रंग की होने तक केरमलाइज़ करें.
3. फिर इसमें बालसेमिक विनेगर और कुटी हुई काली मिर्च डालकर तीन से चार मिनट तक पकाएं.
4. मशरूम डालें और उछालते हुए उन्हें शक्कर के केरमलाइज़्ड मिश्रण में अच्छी तरह से मिला लें. फिर इसे फ्रिज़ में रख दें. ठंडा ही सर्व करें.

मशरूम एण्ड पनीर कबाब

सामग्री

14-16 बटन मशरूम

200 ग्राम पनीर, 1½ इंच के चौकोर टुकड़ों में कटा हुआ

18-20 चेरी टमाटर

2 बड़ी शिमला मिर्च, बीज निकालकर 1 इंच के टुकड़ों में कटी हुई

3 मध्यम आकार के प्याज़, 1 इंच के टुकड़ों में कटे हुए

2 इंच अदरक

8-10 लहसुन की कलियां

2-3 हरी मिर्चें, बीज निकालकर बड़े टुकड़े किए हुए

2 छोटे चम्मच तेल

1 छोटा चम्मच रेड चिली फ्लेक्स

2 छोटे चम्मच शहद

1 छोटा चम्मच जीरा पाउडर

1 छोटा चम्मच गरम मसाला

नमक स्वादानुसार

2 छोटे चम्मच नींबू का रस

1 छोटा चम्मच चाट मसाला

विधि

1. अदरक, लहसुन और हरी मिर्चों को पीसकर चिकनी पेस्ट बना लें.
2. एक बड़ा बाउल लेकर उसमें तेल, अदरक-लहसुन-हरी मिर्च की पेस्ट, चिली प्लेक्स, शहद, जीरा पाउडर, गरम मसाला, नमक, नींबू का रस और चाट मसाला मिला लें.
3. इस तैयार मिश्रण में पनीर, बटन मशरूम, चेरी टमाटर, शिमला मिर्च और प्याज़ को लगभग एक घंटे तक मेरीनेट करें.
4. आठ इंच लंबी लकड़ी की साटे स्टिक्स या सीख़ों को आधे घंटे तक पानी में भिगोकर रखें. उन्हें पानी में से निकालें और फिर उनमें मेरीनेट किए हुए पनीर के टुकड़ों, मशरूम, चेरी टमाटरों, शिमला मिर्च और प्याज़ के टुकड़ों को एक के बाद एक पिरो दें.
5. इन साटे स्टिक्स को कोयले के अंगारों पर या गैस की खुली आंच पर लगभग पांच मिनट तक पकाएं. स्टिक्स को घुमाते रहें ताकि पनीर, मशरूम व सब्ज़ियां सभी तरफ से समान रूप से पक सकें. या फिर आप इन्हें पहले से गरम किए हुए अवन में लगभग पंद्रह मिनट तक पकाएं.
6. गरमागरम कबाब परोसें.

शेफ़ का सुझाव

लकड़ी की साटे स्टिक्स को पानी में इसलिए भिगोया जाता है ताकि पकाते समय वे जलें नहीं. ग्रिलिंग या खुली आंच पर पकाने से पहले स्टिक्स को पानी में भिगोना बहुत आवश्यक है.

फल-सब्ज़ सीख़

सामग्री

2 कच्चे केले

2 मध्यम आकार के आलू, उबालकर मसले हुए

200 ग्राम ताज़े बटन मशरूम, कटे हुए

1 छोटी गाजर, कद्दूकस की हुई

4 ब्रोकोली फ्लोरेट्स, कटे हुए

1½ बड़े चम्मच मक्खन

¾ छोटा चम्मच अजवाइन

¾ बड़ा चम्मच कटा हुआ ताज़ा हरा धनिया

¾ इंच अदरक, कटा हुआ

1½ ताज़ी लाल मिर्चें, कटी हुई

नमक स्वादानुसार

12 सूखे आड़ू, बीज निकालकर काटे हुए

½ छोटा चम्मच काला नमक

¾ छोटा चम्मच काली मिर्च पाउडर

½ छोटा चम्मच छोटी इलायची का पाउडर

चुटकी भर चंदन पाउडर

चुटकी भर गुलाब की सूखी हुई पंखुड़ियों का पाउडर

½ कप ब्रेडक्रम्ब्स

1½ बड़े चम्मच तेल

विधि

1. केलों को उबालें, ठंडा करें और फिर छीलकर उन्हें कद्दूकस कर लें.
2. पैन में मक्खन गरम करें. इसमें अजवाइन डालें और मध्यम आंच पर दस सेकंड तक भूनें. फिर इसमें आलू, मशरूम, गाजर और ब्रोकोली डालकर उनके सूख जाने तक भूनें. फिर इसमें ताज़ा हरा धनिया, अदरक, लाल मिर्चें और नमक डालें. अच्छी तरह चलाएं और फिर आंच पर से उतारकर ठंडा होने के लिए एक तरफ रख दें.
3. ठंडे मिश्रण को मिक्सर में कद्दूकस किए हुए केले, आड़ू, काला नमक, काली मिर्च पाउडर, इलायची पाउडर, चंदन पाउडर, गुलाब की पंखुड़ियों का पाउडर और ब्रेडक्रम्ब्स के साथ चिकना होने तक पीस लें.
4. पीसे हुए मिश्रण को एक बाउल में निकाल लें. इस मिश्रण के बराबर-बराबर भाग कर लें. मिश्रण के इन भागों को सीख़ों पर चार इंच लंबे कबाब के आकार में लगा दें.
5. तंदूर गरम करें. तंदूर में इन कबाबों को छह से सात मिनट तक पकाएं. बीच-बीच में इन पर तेल लगाते रहें.
6. या फिर आप मिश्रण के प्रत्येक भाग को क्रोकूट का आकार दें और उन्हें चिकनाई लगी बेकिंग ट्रे पर जमा दें. फिर इन्हें 180^{0}C/350^{0}F/ गैस मार्क 4 पर पहले से गरम किए हुए अवन में छह से सात मिनट तक ग्रिल करें.
7. कबाब को प्लेट में सजाकर कचूमर (पृष्ठ क्र. 33) के साथ सर्व करें.

कचूमर

1 मध्यम आकार के टमाटर, 1 मध्यम आकार की ककड़ी, 1 मध्यम आकार की हरी शिमला मिर्च, ½ मध्यम आकार की मूली और 1 मध्यम आकार की गाजर के ½ इंच के छोटे टुकड़े कर लें. एक बड़े बाउल में इन सभी सब्ज़ियों को मिला लें. फिर इसमें 1 मध्यम आकार का कटा हुआ प्याज़, 2 कटी हुई हरी मिर्चें, 2 बड़े चम्मच कटा हुआ ताज़ा हरा धनिया, 1 बड़ा चम्मच नींबू का रस और स्वादानुसार नमक डालें. अच्छी तरह मिलाएं और फिर तैयार कचूमर को एक सलाद बाउल में निकाल लें. इसे ठंडा ही परोसें.

चीज़ी मशरूम

सामग्री

16 मध्यम आकार के ताज़े बटन मशरूम, डंठल निकालकर बारीक कटे हुए

¼ कप चूरा हुआ पनीर

¼ कप कद्दूकस किया हुआ प्रोसेस्ड चीज़

1 मध्यम आकार का प्याज़, बारीक कटा हुआ

4–5 लहसुन की कलियां, बारीक कटी हुई

¼ छोटा चम्मच सफ़ेद मिर्च पाउडर

¼ छोटा चम्मच जायफल पाउडर

नमक स्वादानुसार

5 बड़े चम्मच मक्खन

1 बड़ा चम्मच नींबू का रस

विधि

1. एक माइक्रोवेव सेफ बाउल लेकर मशरूमों के डंठल, प्याज़, लहसुन, पनीर, प्रोसेस्ड चीज़, सफ़ेद मिर्च पाउडर, जायफल पाउडर और नमक डालें. दो बड़े चम्मच मक्खन डालकर अच्छी तरह से मिला लें. बिना ढके HIGH (100%) पर छह मिनट तक पकाएं.
2. मशरूम की छतरियों में यह मिश्रण भर दें. भरे हुए मशरूमों को दो–दो की जोड़ी में एक–एक टूथपिक में पिरो दें. इससे वे हिलेंगे नहीं.
3. मशरूमों पर बचा हुआ मक्खन और नींबू का रस लगा दें. फिर इन्हें बिना ढके MEDIUM (70%) पर तीन मिनट तक माइक्रोवेव में पकाएं. तीखे सॉस के साथ गरमागरम चीज़ी मशरूम्स सर्व करें.

मशरूम एण्ड स्पिनेच पैनकेक

सामग्री

100 ग्राम ताज़े मशरूम, कटे हुए

600 ग्राम पालक के पत्ते, कटे हुए

¾ कप गेहूं का आटा

1 छोटा चम्मच तेल

6–8 लहसुन की कलियां, कटी हुई

1 मध्यम आकार का प्याज़, कटा हुआ

नमक स्वादानुसार

¼ छोटा चम्मच सफ़ेद मिर्च पाउडर

¾ कप मलाई रहित दूध

¼ छोटा चम्मच अजवाइन

विधि

1. भरावन बनाने के लिए एक पैन में तेल गरम करें. इसमें लहसुन डालें और थोड़ी देर भूनें. प्याज़ और मशरूम डालकर प्याज़ के नरम और थोड़े पारदर्शी हो जाने तक पकाएं. इसे तेज आंच पर पकाएं ताकि प्याज़ और मशरूम की अतिरिक्त नमी उड़ जाए और वे सूख जाएं.
2. फिर इसमें पालक, नमक और सफ़ेद मिर्च पाउडर डालकर सारी नमी उड़ जाने तक पकाएं. आंच पर से उतारें और पालक के मिश्रण के आठ बराबर भाग कर लें. इन्हें गरम ही रखें.
3. घोल बनाने के लिए आटे में नमक और दूध मिलाएं. इसे अच्छी तरह से फेंट लें.

4. आवश्यकतानुसार पानी डालें और चिकना व आसानी से उंडेला जा सके इतना पतला घोल बना लें. यदि घोल में गुठलियां बन गई हों तो उसे एक बार छान लें.

5. अजवाइन डालकर अच्छी तरह मिला लें. घोल को कम से कम पंद्रह मिनट तक ऐसे ही रहने दें.

6. छह इंच का एक नॉन-स्टिक पैन गरम करें. इस पर थोड़ा सा तेल लगाएं. फिर पैन में आधा कड़छी घोल डालें और उसे गोल आकार दे दें. फिर मध्यम आंच पर लगभग इसे आधे मिनट तक पकाएं. पलटें और दूसरी तरफ से भी थोड़ा सा पकाएं.

7. फिर पैनकेक के तीन चौथाई हिस्से पर पकाए हुए पालक के मिश्रण का एक भाग फैलाएं और उसे रोल कर लें. ध्यान रखें कि भरावन बाहर न निकले.

8. इसी प्रकार बाकी के पैनकेक भी तैयार कर लें. गरमागरम पैन केक तुरंत सर्व करें.

खुंब हरा धनिया

सामग्री

600 ग्राम ताज़े बटन मशरूम, डंठल कटे हुए
1 कप कटा हुआ ताज़ा हरा धनिया
2 बड़े चम्मच तेल
5 छोटी इलायची
1 बड़ी इलायची
5 लौंग
1 इंच दालचीनी
1 तेजपत्ता
चुटकी भर जावित्री
⅔ कप उबले हुए प्याज़ की पेस्ट
4 छोटे चम्मच अदरक पेस्ट
4 छोटे चम्मच लहसुन पेस्ट
4 हरी मिर्चें, कटी हुई
1 छोटा चम्मच लाल मिर्च पाउडर
½ छोटा चम्मच धनिया पाउडर
1½ कप दही, फेंटा हुआ
नमक स्वादानुसार
3 बड़े चम्मच काजू पेस्ट
1½ इंच अदरक, पतली पट्टियों में कटा हुआ

विधि

1. मशरूमों को गरम पानी में दो मिनट तक ब्लांच करें. फिर निथार कर अलग रख दें.
2. कड़ाही में तेल गरम करें. इसमें छोटी और बड़ी इलायची, लौंग, दालचीनी, तेजपत्ता और जावित्री डालकर मध्यम आंच पर खुशबू उठने तक भूनें.
3. फिर इसमें उबले हुए प्याज़ की पेस्ट डालकर और दो से तीन मिनट तक भूनें. अदरक और लहसुन की पेस्ट डालकर और थोड़ी देर भूनें. हरी मिर्चें डालें और आधा मिनट और भूनें.
4. लाल मिर्च पाउडर और धनिया पाउडर डालकर और आधे मिनट तक चलाएं.
5. आंच पर से उतार लें और फिर इसमें दही और नमक डालें. कड़ाही को फिर से आंच पर रख दें. फिर इसमें लगभग पौन कप पानी डालें और एक उबाल लाएं. आंच कम कर दें और ऊपरी सतह पर तेल आ जाने तक पकाएं. काजू की पेस्ट डालें और दो से तीन मिनट तक और पकाएं.
6. मशरूम और पौन कप ताज़ा हरा धनिया डालकर धीमी आंच पर लगभग दो से तीन मिनट तक उबलने दें. सर्विंग डिश में निकाल लें. बचे हुए हरे धनिये और अदरक की पट्टियों से सजाएं.
7. चावल या रोटी के साथ गरमागरम खुंब हरा धनिया परोसें.

शाही ढिंगरी मटर पनीर

सामग्री

10–15 ताज़े बटन मशरूम, बीच में से कटे हुए

1 कप छीले हुए मटर, उबाले हुए

100 ग्राम पनीर, ½ इंच के चौकोर टुकड़ों में कटा हुआ

तेल, तलने के लिए

2 बड़े प्याज़, फांकें किए हुए

10 काजू

2 बड़े चम्मच घी

3 छोटी इलायची

1 बड़ी इलायची

3 लौंग

1 इंच दालचीनी

6–8 काली मिर्च

1 तेजपत्ता

1½ बड़े चम्मच खोया/मावा, कद्दूकस किया हुआ

¼ छोटा चम्मच हल्दी

1 छोटा चम्मच लाल मिर्च पाउडर

½ कप दही

2 छोटे चम्मच धनिया पाउडर

½ छोटा चम्मच जीरा पाउडर

नमक स्वादानुसार

3 बड़े चम्मच ताज़ा क्रीम

1 छोटा चम्मच गरम मसाला

विधि

1. कड़ाही में तेल गरम करें और उसमें प्याज़ की फांकों को सुनहरा होने तक तल लें. थोड़ी ठंडी होने के बाद मिक्सर में पीसकर फांकों की चिकनी पेस्ट बना लें. काजू को थोड़े से गरम पानी के साथ पीसकर उसकी भी चिकनी पेस्ट बना लें.
2. पैन में घी गरम करें. इसमें छोटी इलायची, बड़ी इलायची, लौंग, दालचीनी, काली मिर्च और तेजपत्ता डालें. जब मसाले तड़कने लगें तब मशरूम डालें और कुछ मिनट तक उन्हें भूनें.
3. खोया/मावा डालें और दो मिनट और भूनें.
4. प्याज़ की पेस्ट और काजू की पेस्ट डालकर कुछ सेकंड और भूनें.
5. हल्दी और लाल मिर्च पाउडर डालें और अच्छी तरह मिलाएं. दही डालकर फिर से मिलाएं और दो तीन मिनट तक पकाएं.
6. धनिया पाउडर, जीरा पाउडर और नमक डालकर अच्छी तरह मिलाएं. उबले हुए मटर डालकर तीन से चार मिनट तक पकाएं.
7. ताज़ा क्रीम और पनीर के टुकड़े डालें. गरम मसाला डालें और हल्के हाथों से मिलाकर गरमागरम शाही ढिंगरी मटर पनीर परोसें.

मशरूम बालचाओ

सामग्री

600 ग्राम ताज़े बटन मशरूम, चार टुकड़े किए हुए

10–12 सूखी लाल मिर्चें

8–10 लहसुन की कलियां

1 इंच अदरक

1 छोटा चम्मच जीरा

7–8 लौंग

1 छोटा चम्मच राई

1 इंच दालचीनी

नमक स्वादानुसार

½ कप माल्ट विनेगर

2 बड़े चम्मच तेल

2 मध्यम आकार के प्याज़, कटे हुए

2 मध्यम आकार के टमाटर, कटे हुए

¾ कप टोमैटो प्यूरी

1 बड़ा चम्मच शक्कर

विधि

1. लाल मिर्चों, लहसुन, अदरक, जीरा, लौंग, राई, दालचीनी और नमक को पाव कप माल्ट विनेगर के साथ पीसकर चिकनी पेस्ट बना लें.
2. कड़ाही में तेल गरम करें. उसमें प्याज़ डालें और हल्का भूरा होने तक उसे भूनें. फिर टमाटर डालकर अच्छी तरह मिलाएं और लगातार चलाते हुए लगभग पांच मिनट तक पकाएं.

3. फिर इसमें मशरूम, टोमैटो प्यूरी और पीसा हुआ मसाला डालें. तीन से चार मिनट तक पकाएं. शक्कर डालें. आवश्यक हो तो थोड़ा और नमक डालें. अच्छी तरह मिला लें.
4. बचा हुआ माल्ट विनेगर डालें और पांच से सात मिनट तक पकाएं.
5. गरमागरम सर्व करें.

मसाला खुंब

सामग्री

600 ग्राम ताज़े बटन मशरूम, चार टुकड़े किए हुए
8 सूखी लाल मिर्चें
3 छोटे चम्मच धनिया
1 छोटा चम्मच तेल
1 छोटा चम्मच जीरा
2 मध्यम आकार के प्याज़, फांकें किए हुए
3 छोटे चम्मच लहसुन पेस्ट
4 बड़े टमाटर, प्यूरी किए हुए
नमक स्वादानुसार
4 हरी मिर्चें, कटी हुई
2 इंच अदरक, कटा हुआ
2 छोटे चम्मच गरम मसाला
½ कप कटा हुआ ताज़ा हरा धनिया

विधि

1. लाल मिर्चों और धनिये को पहले सूखा भून लें और फिर खरल में छोटी मूसल से कूटकर उनका दरदरा पाउडर बना लें.
2. कड़ाही में तेल गरम करें. इसमें जीरा, प्याज़ और लहसुन पेस्ट डालकर मध्यम आंच पर एक मिनट तक भूनें. दरदरा कुटा हुआ मसाला पाउडर डालें और आधे मिनट तक चलाएं.
3. टमाटर प्यूरी और नमक डालकर तेल छूटने तक चलाएं. हरी मिर्चें और अदरक डालकर एक मिनट तक भूनें. फिर मशरूम और नमक डालकर हल्के हाथों से मिलाते हुए लगभग सात से आठ मिनट तक पकाएं. गरम मसाला डालें. ताज़े हरे धनिये से सजाकर गरमागरम मसाला खुंब रोटी के साथ परोसें.

मशरूम सोयाबड़ी मसाला

सामग्री

15-20 ताज़े मशरूम, चार टुकड़े किए हुए

1½ कप सोयाबीन बड़ी

1½ छोटे चम्मच तेल

1 तेजपत्ता

½ छोटा चम्मच कालीमिर्च, दरदरी कुटी हुई

1 इंच अदरक, कटा हुआ

5 लहसुन की कलियां, कटी हुई

3 मध्यम आकार के प्याज़, कटे हुए

1 छोटा चम्मच लाल मिर्च पाउडर

1 छोटा चम्मच धनिया पाउडर

¼ छोटा चम्मच हल्दी

2 मध्यम आकार के टमाटर, बारीक कटे हुए

नमक स्वादानुसार

½ छोटा चम्मच गरम मसाला

पुदीने की ताज़ी पत्तियां, कटी हुई

विधि

1. सोयाबीन बड़ियों को 15-20 मिनट तक कुनकुने पानी में भिगोकर रखें. फिर निचोड़कर अतिरिक्त पानी निकाल दें. प्रत्येक बड़ी के दो टुकड़े करें और उन्हें अलग रख दें.

2. एक नॉन-स्टिक पैन में तेल गरम करें. इसमें तेजपत्ता और काली मिर्च डालकर उन्हें ज़रा सा भून लें.
3. कटा हुआ अदरक और लहसुन डालकर तेज़ आंच पर आधे मिनट तक लगातार चलाते हुए भूनें.
4. प्याज़ डालें और उन्हें थोड़ा पारदर्शी होने तक पकाएं. लाल मिर्च पाउडर, धनिया पाउडर और हल्दी डालकर अच्छी तरह चलाएं. टमाटर और नमक डालकर मध्यम आंच पर पकाते रहें.
5. मशरूम और सोयाबीन बड़ी के टुकड़े डालें. अच्छी तरह से मिला लें.
6. गरम मसाला और ताज़ा पुदीना डालकर अच्छी तरह मिला लें. तेज़ आंच पर दो मिनट तक पकाएं. ढककर मध्यम आंच पर लगभग दो-तीन मिनट तक उबालें. गरमागरम मशरूम सोयाबड़ी परोसें.

खुंब हरा प्याज़

सामग्री

40 (400 ग्राम) ताज़े बटन मशरूम, चार टुकड़े किए हुए

10-12 हरे प्याज़, शकर पारे के आकार में कटे हुए

5 हरे प्याज़ की पत्तियां, कटी हुई

12 लहसुन की कलियां, बारीक कटी हुई

1 बड़ा चम्मच चावल का आटा

1 कप मलाई रहित दूध का दही, फेंटा हुआ

3 लौंग

3 हरी मिर्चें, बीज निकालकर कटी हुई

2 छोटे चम्मच धनिया पाउडर

नमक स्वादानुसार

½ छोटा चम्मच लाल मिर्च पाउडर

1 छोटा चम्मच हल्दी

विधि

1. एक नॉन-स्टिक पैन गरम करें. इसमें कटी हुई लहसुन डालें और एक मिनट तक भूनें. मशरूम डालें और तीन से चार मिनट तक धीमी आंच पर पकाएं. चावल का आटा डालें और अच्छी तरह मिलाएं.
2. दही डालें और गाढ़ा होने तक पकाएं.
3. लौंग, हरा प्याज़ और हरी मिर्चें डालकर धीमी आंच पर और दो मिनट तक पकाएं.
4. धनिया पाउडर, नमक, लाल मिर्च पाउडर, हल्दी और आधा कप पानी डालें. दो से तीन मिनट तक और पकाएं. हरे प्याज़ की पत्तियों से सजाकर गरमागरम खुंब हरा प्याज़ परोसें.

चायनीज़ गार्लिक मशरूम

सामग्री

16-20 लहसुन की कलियां

20-24 मशरूम

1 बड़ा चम्मच नींबू का रस

1 छोटा चम्मच सोया सॉस

½ छोटा चम्मच सफ़ेद मिर्च पाउडर

¼ छोटा चम्मच MSG (ऐच्छिक)

नमक स्वादानुसार

¾ कप मैदा

½ कप + 2 बड़े चम्मच कॉर्नफ्लॉर

¼ छोटा चम्मच बेकिंग पाउडर

¾ कप + 3 बड़े चम्मच + तलने के लिए तेल

2-3 साबुत लाल मिर्चें, बीच में से तोड़ी हुई

4 बड़े चम्मच टोमैटो सॉस

1 बड़ा चम्मच विनेगर

2 बड़े चम्मच रेड चिली पेस्ट

1 बड़ा चम्मच हॉट ब्लैक बीन पेस्ट

1 छोटा चम्मच शक्कर

1 कप वेजिटेबल स्टॉक (पृष्ठ क्र. 18)

½ मध्यम आकार की हरी शिमला मिर्च, बीज निकालकर ½ इंच के चौकोर टुकड़े किए हुए

½ मध्यम आकार की लाल शिमला मिर्च, बीज निकालकर ½ इंच के चौकोर टुकड़े किए हुए

1 मध्यम आकार का प्याज़, चार टुकड़े करके परतें अलग की हुई

1 हरा प्याज़, बारीक कटा हुआ

1 बड़ा चम्मच तिल का तेल

1 बड़ा चम्मच रेड चिली फ्लेक्स

विधि

1. लहसुन की छह कलियों को पीसकर चिकनी पेस्ट बना लें. बाकी बची लहसुन की कलियों को बारीक काट लें.
2. एक बाउल में लहसुन की पेस्ट, नींबू का रस, सोया सॉस, सफ़ेद मिर्च पाउडर, MSG और नमक मिला लें. मशरूमों को इस तैयार मेरीनेड में लगभग दस से पंद्रह मिनट तक मेरीनेट करें.
3. एक बड़े बाउल में मैदा, आधा कप कॉर्नफ्लॉर, बेकिंग पाउडर, पौन कप तेल, स्वादानुसार नमक और पौन कप पानी मिला लें. इसे अच्छी तरह से मथ लें और उंडेलने लायक पतला घोल तैयार कर लें. इसे बीस मिनट तक अलग रख दें.
4. एक कड़ाही में पर्याप्त मात्रा में तेल गरम कर लें. मेरीनेट किए हुए मशरूमों को मैदे के घोल में डुबोएं और फिर कड़ाही में दो से तीन मिनट तक मध्यम आंच पर बीच-बीच में पलटते हुए या कुरकुरे और सुनहरे भूरे होने तक तल लें. निकालकर तेल सोखने वाले कागज़ पर रखें. एक कप पानी में दो बड़े चम्मच कॉर्नफ्लॉर मिलाएं.
5. कड़ाही में तीन बड़े चम्मच तेल गरम करें. इसमें साबुत मिर्चें और कटी हुई लहसुन डालकर तेज़ी से भूनें. फिर टोमैटो सॉस,

विनेगर, चिली पेस्ट, हॉट ब्लैक बीन पेस्ट, शक्कर और स्वादानुसार नमक डालें. वेजिटेबल स्टॉक डालें और तेज़ आंच पर एक मिनट तक पकाएं.

6. दोनों शिमला मिर्च, प्याज़ और हरा प्याज़ डालकर दो मिनट और पकाएं. फिर इसमें कॉर्नफ्लॉर का मिश्रण डालें और गाढ़ा होने तक पकाएं.

7. फिर इसमें तले हुए मशरूम डालें और अच्छी तरह मिलाएं. तिल का तेल छिड़कें. चिली फ्लेक्स डालें और गरमागरम डिश सर्व करें.

माशोब्रा मशरूम करी

सामग्री

20–24 ताज़े बटन मशरूम, चार टुकड़े किए हुए

2 इंच अदरक

4–6 लहसुन की कलियां

10–12 काजू

1 बड़ा चम्मच खसखस

1 बड़ा चम्मच तरबूज के बीज (मग़ज़)

4 बड़े चम्मच तेल

2 मध्यम आकार के प्याज़, बारीक कटे हुए

1 छोटा चम्मच लाल मिर्च पाउडर

1 छोटा चम्मच धनिया पाउडर

½ छोटा चम्मच जीरा पाउडर

नमक स्वादानुसार

2 मध्यम आकार के टमाटर, प्यूरी किए हुए

2 बड़े चम्मच दही, फेंटा हुआ

½ छोटा चम्मच गरम मसाला

¼ कप ताज़ा हरा धनिया, बारीक कटा हुआ

विधि

1. अदरक और लहसुन को पीसकर उसकी चिकनी पेस्ट बना लें.
2. काजू, खसखस और मग़ज़ को दस मिनट तक गरम पानी में भिगोकर रखें. फिर निथारें और पीसकर चिकनी पेस्ट बना लें. तैयार पेस्ट को अलग रख दें.
3. पैन में तेल गरम करें. कटा हुआ प्याज़ डालें और दो से तीन मिनट तक या प्याज़ का रंग हल्का भूरा होने तक भूनते रहें. अदरक-लहसुन पेस्ट डालें और थोड़ा-सा भून लें.
4. लाल मिर्च पाउडर, धनिया पाउडर, जीरा पाउडर और नमक डालें. अच्छी तरह मिलाएं और फिर टोमैटो प्यूरी डालें. मध्यम आंच पर लगातार चलाते हुए दो मिनट तक या तेल छूटने तक पकाएं. मशरूम डालें और तेज आंच पर दो मिनट तक चलाएं.
5. काजू, खसखस और मग़ज़ की पेस्ट को दही में डालें. इसमें डेढ़ कप पानी डालें और अच्छी तरह मिला लें. फिर इसे मशरूम के मिश्रण में मिलाएं. एक उबाल आने दें. आंच कम कर दें और पांच मिनट तक या मशरूम गल जाने तक इसे धीमी आंच पर उबलने दें.
6. गरम मसाला छिड़कें और कटे हुए ताज़े हरे धनिये से सजाकर गरमागरम मशरूम करी परोसें.

कच्छी मकई ढिंगरी

सामग्री

10–12 मध्यम आकार के ताज़े बटन मशरूम, चार टुकड़े किए हुए

10–12 ताज़े बेबीकॉर्न, ½ इंच के टुकड़े किए हुए

½ कप स्वीटकॉर्न के दाने

1 मध्यम आकार की शिमला मिर्च, बीज निकालकर ½ इंच की पट्टियों में कटी हुई

1 इंच अदरक

6–8 लहसुन की कलियां

4 बड़े चम्मच तेल

2 तेजपत्ते

1 मध्यम आकार का प्याज़, कद्दूकस किया हुआ

2 हरी मिर्चें, बीच में से चिरी हुई

1 बड़ा चम्मच लाल मिर्च पाउडर

2 बड़े चम्मच धनिया पाउडर

1 छोटा चम्मच हल्दी

½ बड़ा चम्मच जीरा पाउडर

1 मध्यम आकार का टमाटर, बारीक कटा हुआ

नमक स्वादानुसार

¼ कप ताज़ा क्रीम

¼ कप ताज़ा हरा धनिया, बारीक कटा हुआ

1 छोटा चम्मच गरम मसाला

विधि

1. अदरक और लहसुन को पीसकर चिकनी पेस्ट बना लें.
2. पैन में तेल गरम करें. इसमें तेजपत्ते, कद्दूकस किया हुआ प्याज़ और चिरी हुई हरी मिर्चें डालें और तीन से चार मिनट तक या प्याज़ के हल्के भूरे हो जाने तक भूनें. अदरक-लहसुन पेस्ट डालकर थोड़ी देर और चलाएं.
3. फिर इसमें लाल मिर्च पाउडर, धनिया पाउडर, हल्दी और जीरा पाउडर डालें. अच्छी तरह मिलाएं और फिर कटे हुए टमाटर डालें. तेज़ आंच पर लगातार चलाते हुए दो से तीन मिनट तक पकाएं. मशरूम, बेबीकॉर्न, स्वीटकॉर्न के दाने और स्वादानुसार नमक डालें. इसे मध्यम आंच पर लगभग पांच मिनट तक पकाएं.
4. फिर इसमें शिमला मिर्च की पट्टियां डालें और उछालते हुए अच्छी तरह मिला लें. लगातार चलाते हुए तीन से चार मिनट तक पकाएं. फ्रेश क्रीम डालें. ताज़ा हरा धनिया और गरम मसाला डालकर गरमागरम डिश सर्व करें.

काजू खुंब मखाना

सामग्री

1 कप साबुत काजू, भिगोए हुए
500 ग्राम ताज़ा बटन मशरूम
2 कप मखाने
तेल, शेलो-फ्राय करने के लिए
½ कप दही
1 बड़ा चम्मच धनिया पाउडर
1½ छोटे चम्मच लाल मिर्च पाउडर
1 छोटा चम्मच हल्दी
2 बड़े चम्मच देसी घी
1 छोटा चम्मच जीरा
3 मध्यम आकार के प्याज़, कटे हुए
2 छोटे चम्मच अदरक की पेस्ट
2 छोटे चम्मच लहसुन की पेस्ट
2 छोटे चम्मच काली मिर्च पाउडर
1½ कप ताज़ा टमाटर प्यूरी
नमक स्वादानुसार
1 छोटा चम्मच गरम मसाला
1 बड़ा चम्मच शहद (ऐच्छिक)
1 बड़ा चम्मच नींबू का रस
2 बड़े चम्मच कटा हुआ ताज़ा हरा धनिया

विधि

1. मशरूम के डंठल निकाल दें. मशरूमों को साफ करके उन्हें तीन-चौथाई पकने तक उबाल लें. निथारकर एक तरफ रख दें.
2. कड़ाही में तेल गरम करें और उसमें मखानों को आधे मिनट तक शैलो फ्राय कर लें. निकालें और फिर उन्हें एक बाउल में पानी में भिगो दें.
3. एक दूसरे बाउल में दही लें. उसमें धनिया पाउडर, लाल मिर्च पाउडर और हल्दी डालकर मथनी से फेंट कर अच्छी तरह मिक्स कर लें.
4. पैन में घी गरम करें. इसमें जीरा डालें. जीरे का रंग बदलने पर प्याज़ डालें और इसे हल्का पारदर्शी होने तक भूनें. अदरक की पेस्ट और लहसुन की पेस्ट डालकर पांच मिनट तक चलाएं. काली मिर्च का पाउडर डालकर दो मिनट और चलाएं. मशरूम डालें और पांच मिनट तक पकाएं. फिर इसमें दही का मिश्रण डालें और तेल छूटने तक पकाएं.
5. टमाटर प्यूरी और नमक डालकर फिर से तेल छूटने तक पकाएं. ढाई कप पानी डालें और एक उबाल आने दें. आंच कम कर दें और फिर उसमें काजू और मखाने डालें. ढक कर धीमी आंच पर लगभग आठ से दस मिनट तक उबलने दें. बीच-बीच में चलाते रहें.
6. गरम मसाला डालकर अच्छी तरह मिला लें. शहद और नींबू का रस डालें. ताज़े हरे धनिये से सजाएं और रोटी के साथ परोसें.

पैन-फ्राइड मशरूम

सामग्री

20-24 ताज़े बटन मशरूम, चार टुकड़े किए हुए

½ कप पोर्सिनी मशरूम (ऐच्छिक)

½ कप ऑयस्टर मशरूम (ऐच्छिक)

1 छोटी लाल शिमला मिर्च, ½ इंच के टुकड़ों में कटी हुई

1 छोटी पीली शिमला मिर्च, ½ इंच के टुकड़ों में कटी हुई

1 बड़ा चम्मच जैतून का तेल

2 मध्यम आकार के प्याज़, ½ इंच के चौकोर टुकड़ों में कटे हुए

3 लहसुन की कलियां, कुचली हुई

1 बड़ा चम्मच सोया सॉस

1 बड़ा चम्मच रेड चिली सॉस

½ बड़ा चम्मच विनेगर

½ छोटा चम्मच सूखी थाइम

नमक स्वादानुसार

8-10 काली मिर्च, दरदरी कुटी हुई

7-8 तुलसी की ताज़ी पत्तियां, हाथों से तोड़ी हुई

विधि

1. यदि आप पोर्सिनि और ऑयस्टर मशरूम डाल रहे हों तो पहले इन्हें बीस मिनट तक कुनकुने पानी में भिगोकर रखें. फिर निथारकर अच्छी तरह धो लें और फिर एक तरफ रख दें.
2. एक बड़े पैन में तेल गरम करें. इसमें प्याज़ डालें और मध्यम आंच पर प्याज़ को थोड़ा पारदर्शी होने तक भूनें. लहसुन डालें और एक मिनट तक भूनें.
3. अब मशरूम, लाल शिमला मिर्च और पीली शिमला मिर्च डालकर तेज़ आंच पर तीन मिनट तक भूनें.
4. सोया सॉस, चिली सॉस और विनेगर डालकर और दो मिनट तक पकाएं.
5. थाइम, नमक और काली मिर्च डालें. आंच पर से उतार लें और फिर इसमें तुलसी की पत्तियां डालें. गरमागरम पैन-फ्राइड मशरूम सर्व करें.

मटर मशरूम

सामग्री

1½ कप छीले हुए मटर के दाने

200 ग्राम मशरूम, चार टुकड़े किए हुए

2 बड़े चम्मच तेल

4 छोटी इलायची

1 इंच दालचीनी

2 बड़े प्याज़, बारीक कटे हुए

1 बड़ा चम्मच अदरक पेस्ट

1 बड़ा चम्मच लहसुन पेस्ट

½ कप टोमैटो प्यूरी

1 बड़ा चम्मच लाल मिर्च पाउडर

1 बड़ा चम्मच धनिया पाउडर

1 छोटा चम्मच हल्दी

1 छोटा चम्मच गरम मसाला

नमक स्वादानुसार

½ कप काजू की पेस्ट

विधि

1. कड़ाही में तेल गरम करें. इसमें इलायची, दालचीनी और कटा हुआ प्याज़ डालकर प्याज़ को हल्के सुनहरे भूरे होने तक भूनें.
2. अदरक और लहसुन पेस्ट डालें और आधे मिनट तक पकाएं. टोमैटो प्यूरी, लाल मिर्च

पाउडर, धनिया पाउडर, हल्दी, गरम मसाला और नमक डालें. मसालों को तेल छूटने तक भूनें.

3. एक कप पानी में काजू की पेस्ट घोल लें और फिर इसे कड़ाही में डालकर अच्छी तरह मिला लें. कड़ाही में एक कप पानी डालें और एक उबाल आने दें. मटर और मशरूम डालें. तेज़ आंच पर सात से आठ मिनट तक या मटर के गलकर पूरी तरह पक जाने तक पकाएं.

4. धीमी आंच पर और पांच मिनट तक पकाएं. गरमागरम परोसें.

चिकन एण्ड मशरूम इन हॉट टोमैटो सॉस

सामग्री

500 ग्राम बोनलेस चिकन, 1 इंच के टुकड़ों में कटा हुआ

10–12 मशरूम, चार टुकड़े किए हुए

1 बड़ा टमाटर, ब्लांच करके 1 इंच के चौकोर टुकड़ों में कटा हुआ

¾ कप टोमैटो प्यूरी

2 बड़े चम्मच मक्खन

3–4 हरे प्याज़, कटे हुए

5 लहसुन की कलियां, कटी हुई

नमक स्वादानुसार

1 बड़ा चम्मच चूरी हुई लाल मिर्चें

1½ छोटे चम्मच वुस्टर सॉस

5–6 काली मिर्च, कुटी हुई

2 छोटे चम्मच शहद

¼ छोटा चम्मच ड्राइड ऑरेगेनो

2–3 हरे प्याज़ की पत्तियां, कटी हुई

विधि

1. एक गहरा माइक्रोवेव सेफ बाउल लेकर उसमें मक्खन, हरे प्याज़, लहसुन, चिकन और नमक को मिला लें. ढककर इसे माइक्रोवेव HIGH (100%) पर चार मिनट तक पकाएं.

2. फिर इसमें टमाटर, टोमैटो प्यूरी, चूरी हुई लाल मिर्चें, वुस्टर सॉस, काली मिर्च और मशरूम डालें.

3. ढककर फिर से माइक्रोवेव HIGH (100%) पर तीन मिनट तक पकाएं.

4. शहद और ड्राइड ऑरेगेनो डालें और ढककर माइक्रोवेव HIGH (100%) पर दो मिनट तक पकाएं.

5. हरे प्याज़ की पत्तियों से सजाएं और तुरंत सर्व करें.

मल्टी-ग्रेन फुटलॉन्ग विद मशरूम एण्ड चिकन

सामग्री

1 मल्टी-ग्रेन लॉन्ग लोफ

10-12 मध्यम आकार के ताज़े बटन मशरूम, फांकें किए हुए

6 चिकन सलामी की फांकें

1 बड़ा चम्मच तेल

नमक स्वादानुसार

8-10 काली मिर्च, कुटी हुई

2 बड़े चम्मच मेयोनीज़ (अगले पृष्ठ पर देखें)

8 लेट्यूस की पत्तियां, लंबी कतरी हुई

¼ कप काले जैतून की फांकें

1 छोटा प्याज़, फांकें किया हुआ

5-6 पिकल्ड घेरकिन, फांकें की हुई

2 स्लाइस चीज़

टोमैटो केचप, आवश्यकतानुसार

मस्टर्ड सॉस, आवश्यकतानुसार

विधि

1. पैन में तेल गरम करें. इसमें मशरूम डालकर तेज़ आंच पर एक मिनट तक चलाएं. नमक और कुटी हुई काली मिर्च डालकर एक मिनट तक भूनें और फिर आंच पर से उतार लें.

2. लोफ को लंबाई में बीच में से चीरा लगाएं. उसे पूरा न काटें.

3. लोफ के अंदर दोनों तरफ मेयोनीज़ लगा दें. नीचे के भाग पर लेट्यूस की कटी हुई पत्तियां रखें.

4. अब, लेट्यूस की पत्तियों पर काले जैतून की फांकें, प्याज़ और पिकल्ड घेरकिन रखें. चीज़ की स्लाइस के दो टुकड़े करें और उन्हें पिकल्ड घेरकिन के ऊपर रख दें. उसके बाद मशरूम और चिकन सलामी रखें.

5. इस फिलिंग के ऊपर टोमैटो केचप और मस्टर्ड सॉस डालें. अब लोफ के ऊपर वाले हिस्से को धीरे से नीचे की ओर दबाएं ताकि फिलिंग अच्छी तरह सेट हो जाए. तैयार फुटलॉन्ग के छोटे-छोटे टुकड़े करें और तुरंत सर्व करें.

मेयोनीज़

एक साफ बाउल में 1 अंडे की ज़रदी, स्वादानुसार नमक, ¼ छोटा चम्मच सफ़ेद मिर्च पाउडर, ¼ छोटा चम्मच सरसों पाउडर, ¼ छोटा चम्मच शक्कर और 1 छोटा चम्मच विनेगर लें. मथनी से इन सब को अच्छी तरह मिक्स कर लें. या फिर आप इसे मिक्सर में भी मिक्स कर सकते हैं. मिक्स कर लेने के बाद इसमें थोड़ा-थोड़ा करके लगभग 1 कप तेल डालें. इसे लगातार मथते या ब्लेंड करते रहें जब तक कि सारा तेल मिश्रण में अच्छी तरह मिक्स न हो जाए. इसके बाद इसमें 1 छोटा चम्मच नींबू का रस डालें. चखकर मसाले स्वादानुसार कर लें. हवाबंद बरनी में भरकर फ्रिज में रख दें.

मशरूम किश

ा ग्री

ेस्ी ्स

1 बेसिक शॉर्टक्रस्ट पेस्ट्री (पृष्ठ क्र. 72)

रा

225 ग्राम बटन मशरूम, पतली फांकें किए हुए

1 बड़ा चम्मच जैतून का तेल

½ बड़ा चम्मच मक्खन

1 लहसुन की कली, कुचली हुई

½ बड़ा चम्मच नींबू का रस

नमक स्वादानुसार

काली मिर्च पाउडर स्वादानुसार

1 बड़ा चम्मच बारीक कटा हुआ हरा धनिया

2 अंडे

¾ कप ताज़ा क्रीम

¼ कप कद्दूकस किया हुआ प्रोसेस्ड चीज़

ि ि

1. अवन को 190°C/375°F/गैस मार्क 5 पर पहले से ही गरम कर लें.
2. शॉर्टक्रस्ट पेस्ट्री के आटे को बेलकर उसकी पाव इंच मोटी गोल रोटी बना लें. नौ इंच गोल टार्ट टिन के अंदर यह रोटी बिछा दें. बाहर निकले हुए किनारे काट लें. पेस्ट्री के बेस पर कांटे के चम्मच से छेद कर लें.

3. भरावन बनाने के लिए एक पैन में जैतून के तेल और मक्खन को मध्यम आंच पर गरम कर लें. इसमें मशरूम, लहसुन और नींबू का रस डालें. फिर नमक और काली मिर्च पाउडर डालकर मशरूम के सूख जाने तक पकाएं. आंच तेज़ करें और मिश्रण के पूरी तरह से सूख जाने तक पकाते रहें. ताज़ा हरा धनिया डालें. चखकर नमक स्वादानुसार कर लें.

4. अंडों और क्रीम को एक साथ फेंट लें और फिर इसे मशरूम के मिश्रण में मिला दें. टार्ट के बेस पर चीज़ फैलाएं और फिर उसके ऊपर मशरूम का भरावन फैला दें.

5. पहले से गरम किए हुए अवन में इसे लगभग पैंतीस मिनट तक या सुनहरा भूरा होकर फूल जाने तक पकाएं. इसे तिकोने टुकड़ों में काटें और गरमागरम सर्व करें.

बेसिक शॉर्टक्रस्ट पेस्ट्री

1 कप मैदे और 60 ग्राम ठंडे और कटे हुए मक्खन को फूड प्रोसेसर में तब तक घुमाएं जब तक कि तैयार मिश्रण ब्रेडक्रम्ब्स की तरह भुरभुरा न हो जाए.

यदि आप इसे हाथ से मिक्स कर रहे हों तो उंगलियों के पोरों से मैदे और मक्खन को अच्छी तरह मिक्स कर लें.

प्रोसेसर में घुमाते समय इसमें बर्फ के ठंडे पानी की कुछ बूंदें डालें ताकि पेस्ट्री का आटा इकट्ठा हो जाए या फिर इसे चाकू या लकड़ी के चम्मच या उंगलियों की मदद से हल्के से मिला लें. इस प्रक्रिया में लगभग ढाई चम्मच पानी लगता है.

गूंधे हुए आटे का एक गोला बना लें. तैयार गोले को ग्रीसप्रूफ पेपर या क्लिंग फिल्म में लपेटकर कम से कम आधे घंटे तक फ्रिज में रखें.

आधे घंटे बाद यह बेलने या अन्य कोई आकार देने के लिए तैयार हो जाएगा. इस आटे से 9 इंच का पेस्ट्री बेस बनेगा.

शॉर्टक्रस्ट पेस्ट्री को दो दिन तक फ्रिज में स्टोर कर सकते हैं. फ्रीज़र में इसे तीन महीनों तक स्टोर किया जा सकता है.

गोभी मशरूम चिली फ्राय

सामग्री

1 मध्यम आकार की गोभी, छोटे फूल अलग किए हुए

10-12 मध्यम आकार के ताज़े बटन मशरूम, चार टुकड़े किए हुए

8-10 हरी मिर्चें, कटी हुई

2 हरे प्याज़ पत्तियों सहित

3 बड़े चम्मच कॉर्नफ्लॉर

2 बड़े चम्मच सोया सॉस

नमक स्वादानुसार

1 बड़ा चम्मच तेल + तलने के लिए

10 लहसुन की कलियां, बारीक कटी हुई

1 छोटा चम्मच सफ़ेद मिर्च पाउडर

चुटकी भर MSG (ऐच्छिक)

विधि

1. हरे प्याज़ को बारीक काट लें. पत्तियों को भी बारीक काट लें और सजाने के लिए अलग रख दें.
2. एक बाउल लेकर उसमें कॉर्नफ्लॉर, आधा सोया सॉस, नमक और हरी मिर्चों को अच्छी तरह मिला लें. इसमें आवश्यकतानुसार पानी डालकर गाढ़ा घोल तैयार कर लें.
3. कड़ाही में पर्याप्त मात्रा में तेल गरम करें. गोभी के टुकड़ों को कॉर्नफ्लॉर के मिश्रण में डुबोएं और फिर कड़ाही में डालकर सुनहरे भूरे होने तक तल लें. गोभी के टुकड़ों को कड़ाही में से निकालकर तेल सोखने वाले कागज़ पर रखें. बचे हुए घोल को एक तरफ रख दें.
4. पैन में एक बड़ा चम्मच तेल गरम करें. इसमें हरा प्याज़ डालें और चलाएं. लहसुन डालें और इसे तेज़ आंच पर हल्का सा पारदर्शी होने तक भूनें. मशरूम डालें और पकाएं. चूंकि मशरूम पकने पर सिकुड़ जाते हैं इसलिए मशरूमों को ज़्यादा न पकने दें.
5. फिर इसमें बचा हुआ सोया सॉस, गोभी के तले हुए टुकड़े, नमक, सफ़ेद मिर्च पाउडर और MSG डालें.
6. बचा हुआ घोल डालकर मिश्रण को गाढ़ा होने तक पकाएं.
7. हरे प्याज़ की पत्तियों से सजाकर गरमागरम डिश सर्व करें.

मशरूम, बेबीकॉर्न एण्ड पनीर तवा मसाला

सामग्री

8–10 ताज़े बटन मशरूम, दो टुकड़े किए हुए
8–10 बेबीकॉर्न, दो टुकड़े करके उबाले हुए
400 ग्राम पनीर, 1½ इंच के चौकोर टुकड़े किए हुए
10 छोटे आलू, आधे उबाले हुए
10–15 शैलॉट्स (छोटे प्याज़)
5 छोटे चम्मच + 3 बड़े चम्मच तेल
2 बड़े प्याज़, कटे हुए
1½ इंच अदरक, कटा हुआ
3–4 हरी मिर्चें, कटी हुई
½ छोटा चम्मच धनिया पाउडर
½ छोटा चम्मच लाल मिर्च पाउडर
4 छोटे चम्मच गरम मसाला
नमक स्वादानुसार
8 बड़े चम्मच टोमैटो प्यूरी
1 बड़ा चम्मच नींबू का रस
2 बड़े चम्मच कटा हुआ ताज़ा हरा धनिया

विधि

1. मशरूम, बेबी कॉर्न, पनीर, छोटे आलू और छोटे प्याज़ को अलग-अलग एक-एक छोटे चम्मच तेल में भून लें. भूनते समय इन पर थोड़ा सा नमक डालें. इन्हें तेल सोखने वाले कागज़ पर निकालकर अलग रख दें.
2. तवे पर तीन बड़े चम्मच तेल गरम करें. इसमें प्याज़ डालें और भूरे होने तक उन्हें भूनें. अदरक डालकर और थोड़ी देर भूनें. थोड़ा सा पानी डालें और कुछ मिनट और पकाएं.
3. भुने हुए पनीर के टुकड़ों और सब्ज़ियों को तवे की किनार पर रख दें.
4. प्याज़ के मिश्रण में हरी मिर्चें डालें और लगातार चलाते रहें.
5. पनीर और सब्ज़ियों को तवे के बीच में रखे मसाले की तरफ खींचें. फिर इसमें धनिया पाउडर, लाल मिर्च पाउडर, गरम मसाला, नमक, टोमैटो प्यूरी और आधा कप पानी डालकर अच्छी तरह मिला लें. तीन से चार मिनट तक पकाएं. नींबू का रस डालकर एक बार फिर से मिलाएं.
6. ताज़े हरे धनिये से सजाएं और गरमागरम परोसें.

मशरूम पॉट राइस

सामग्री

3-4 ऑयस्टर मशरूम

10-12 ताज़े बटन मशरूम, फांकें किए हुए

1 कप चावल, भिगोए हुए

1 चक्री फूल

2 बड़े चम्मच कॉर्नफ्लॉर

4 बड़े चम्मच तेल

1 इंच अदरक, कद्दूकस किया हुआ

2-3 लहसुन की कलियां, कटी हुई

2 हरे प्याज़, कटे हुए

2 बड़े चम्मच सोया सॉस

¼ छोटा चम्मच MSG (ऐच्छिक)

½ छोटा चम्मच सफ़ेद मिर्च पाउडर

नमक स्वादानुसार

2 कप वेजिटेबल स्टॉक (पृष्ठ क्र. 18)

2 हरे प्याज़ की पत्तियां, सजाने के लिए

विधि

1. तीन कप पानी में चक्री फूल डालकर उसमें चावल को लगभग पकने तक पका लें. अच्छी तरह निथारें और फिर चावल को मिट्टी के बर्तन में निकाल लें. चावल को गरम ही रखें.

2. ऑयस्टर मशरूम को गरम पानी में पंद्रह मिनट तक भिगोकर रखें. निथारें और बड़े-बड़े टुकड़े काट लें. आधे कप पानी में कॉर्नफ्लॉर घोलकर उसे अलग रख दें.

3. अवन को 180°C/350°F/गैस मार्क 4 पर पहले से ही गरम कर लें.

4. कड़ाही में तेल गरम करें. इसमें अदरक और लहसुन डालकर आधे मिनट तक चलाएं. फिर हरा प्याज़ डालें और एक दो मिनट और चलाएं.

5. सोया सॉस, ऑयस्टर मशरूम, MSG, सफ़ेद मिर्च पाउडर, स्वादानुसार नमक और वेजिटेबल स्टॉक डालें. इसमें एक उबाल लाएं. उबाल आने के बाद बटन मशरूम और कॉर्नफ्लॉर का घोल डालें.

6. लगभग एक मिनट तक या सॉस गाढ़ा होने तक पकाएं. पकाते समय इसे लगातार चलाते रहें. अब तैयार सॉस को चावल पर डालें और ढक्कन लगा दें. इसे पहले से गरम किए हुए अवन में लगभग बारह से पंद्रह मिनट तक पकाएं.

7. ढक्कन खोलें और सॉस व चावल को अच्छी तरह मिला लें. हरे प्याज़ की पत्तियों से सजाएं और गरमागरम मशरूम पॉट राइस सर्व करें.

मशरूम दम बिरयानी

सामग्री

15-20 मध्यम आकार के ताज़े बटन मशरूम, चार टुकड़े किए हुए

1½ कप बासमती चावल

1 इंच अदरक

5 लहसुन की कलियां

बड़ी चुटकी केसर

¼ कप क्रीमरहित दूध, कुनकुना किया हुआ

1 तेजपत्ता

4 लौंग

2 छोटी इलायची

2 बड़ी इलायची

1 इंच दालचीनी

1 जावित्री का टुकड़ा

नमक स्वादानुसार

2 छोटे चम्मच तेल

2 मध्यम आकार के प्याज़, पतली फांकें किए हुए

2 छोटे चम्मच लाल मिर्च पाउडर

1 बड़ा चम्मच धनिया पाउडर

½ बड़ा चम्मच दरदरी पीसी काली मिर्च

½ छोटा चम्मच जीरा पाउडर

½ छोटा चम्मच हल्दी

2 मध्यम आकार के टमाटर, प्यूरी किए हुए

½ कप क्रीम रहित दूध का दही, फेंटा हुआ

½ छोटा चम्मच गरम मसाला

¼ कप ताज़ा हरा धनिया, बारीक कटा हुआ

¼ कप ताज़ा पुदीना, बारीक कटा हुआ

4-5 बूंदें केवड़े का जल (ऐच्छिक)

विधि

1. चावल को पर्याप्त पानी में आधे घंटे तक भिगोकर रखें. फिर निथार लें.
2. अदरक और लहसुन को पीसकर उसकी चिकनी पेस्ट बना लें. केसर को कुनकुने दूध में भिगो दें.
3. एक भारी पेंदे वाले बर्तन में तीन से चार कप पानी उबालें. इसमें तेजपत्ता, लौंग, छोटी इलायची, बड़ी इलायची, दालचीनी, जावित्री और एक छोटा चम्मच नमक डालें. जब पानी उबलने लगे तब उसमें बासमती चावल डालें.
4. बीच-बीच में चलाते हुए इसे लगभग आठ से दस मिनट तक या चावलों के तीन-चौथाई पकने तक पकाएं. फिर एक बड़ी छलनी में इसे छान लें.
5. नॉन-स्टिक पैन में तेल गरम करें. इसमें प्याज़ की फांकें डालें और तेज़ आंच पर दो से तीन मिनट तक या फांकों के थोड़े से पारदर्शी होने तक भूनें. अदरक-लहसुन की पेस्ट डालें और थोड़ी देर और चलाएं.
6. फिर इसमें लाल मिर्च पाउडर, धनिया पाउडर, दरदरी पीसी काली मिर्च, जीरा पाउडर और हल्दी डालें. थोड़ी देर चलाएं और फिर टमाटर प्यूरी डाल दें.

7. लगातार चलाते हुए तेज़ आंच पर और दो से तीन मिनट तक या मसाले के थोड़े गाढ़े हो जाने तक पकाते रहें.

8. दही, गरम मसाला और आधा कटा हुआ ताज़ा हरा धनिया और पुदीना डालें. अच्छी तरह मिलाकर और दो मिनट तक पकाएं.

9. बटन मशरूम के टुकड़े और स्वादानुसार नमक डालें. तेज़ आंच पर दो से तीन मिनट तक चलाएं और फिर आंच पर से उतार लें.

10. एक अवनप्रूफ डिश (या बिरयानी हांडी) लेकर उसमें पकाए हुए चावल और मशरूम मसाले की एक के ऊपर एक परतें बिछाएं. सबसे ऊपर ताज़ा हरा धनिया और पुदीना फैलाएं. केवड़े का जल और केसरयुक्त दूध डालें. ध्यान रखें कि सबसे ऊपरी परत चावल की होनी चाहिए.

11. परतों में जमायी हुई बिरयानी पर कसकर ढक्कन लगा दें और यदि आवश्यक हो तो किनारों को गूंधे हुए आटे से बंद कर दें.

12. सील किए हुए बर्तन या डिश को मध्यम गरम तवे पर लगभग दस से पंद्रह मिनट तक रखें. आप चाहें तो बर्तन के ढक्कन पर थोड़े से जलते हुए कोयले के टुकड़े भी रख सकते हैं. या फिर आप सील की हुई डिश को दस से पंद्रह मिनट तक पहले से गरम किए हुए अवन में भी रख सकते हैं.

13. परोसते वक्त सील तोड़ें और ढक्कन खोलकर गरमागरम बिरयानी सर्व करें.

चिली एण्ड मशरूम फ्राइड राइस

सामग्री

4 हरी मिर्चें, बारीक कटी हुई

1½ कप ताज़े बटन मशरूम की फांकें

1½ कप पके हुए चावल

3 बड़े चम्मच तेल

1 इंच अदरक, बारीक कटा हुआ

6-8 लहसुन की कलियां, कटी हुई

5-6 हरे प्याज़, बारीक कटे हुए

चुटकीभर MSG (ऐच्छिक)

½ छोटा चम्मच सफ़ेद मिर्च पाउडर

नमक स्वादानुसार

1 बड़ा चम्मच सोया सॉस

3-4 हरे प्याज़ की पत्तियां, बारीक कटी हुई

विधि

1. कड़ाही में तेल गरम करें. इसमें अदरक, लहसुन और हरी मिर्च डालकर दो मिनट तक भूनें. फिर हरे प्याज़, मशरूम, MSG, सफ़ेद मिर्च पाउडर और नमक डालें. इसे तेज आंच पर लगभग दो मिनट तक भूनें.
2. फिर चावल, सोया सॉस और हरे प्याज़ की पत्तियां डालें. तेज़ आंच पर इसे लगभग तीन मिनट तक भूनें.
3. गरमागरम सर्व करें.

हर्ब्ड राइस विद मशरूम

सामग्री

1 छोटा चम्मच ड्राइड ऑरेगेनो

1½ कप ब्राउन राइस

6–7 मध्यम आकार के ताज़े बटन मशरूम, दो टुकड़े किए हुए

2 बड़े चम्मच जैतून का तेल

2 मध्यम आकार के प्याज़, कटे हुए

2–3 लहसुन की कलियां, कटी हुई

1 इंच सेलरी स्टॉक, कटी हुई

नमक स्वादानुसार

विधि

1. ब्राउन राइस को चार से पांच कप पानी में लगभग एक घंटे तक भिगोकर रखें. फिर निथार लें.
2. प्रेशर कुकर में तेल गरम करें. इसमें प्याज़, लहसुन और सेलरी डालकर प्याज़ थोड़ा पारदर्शी होने तक भूनें. फिर इसमें निथारे हुए चावल डालें और एक से दो मिनट तक भूनें. पौने चार कप पानी डालें और एक उबाल आने दें.
3. मशरूम डालें और एक बार फिर से उबाल आने दें. प्रेशर कुकर का ढक्कन लगा दें और तीन सीटी होने तक चावल पकने दें.
4. प्रेशर पूरी तरह से निकल जाने के बाद कुकर का ढक्कन खोलें. फिर राइस में ड्राइड ऑरेगेनो डालें और अच्छी तरह मिला लें. गरमागरम हर्ब्ड राइस विद मशरूम सर्व करें.

खुंब मकई पुलाव

सामग्री

20–25 ताज़े बटन मशरूम, फांकें किए हुए
¾ कप मकई के दाने
1½ कप बासमती चावल, भिगोए हुए
1 बड़ा चम्मच तेल
1 छोटा चम्मच जीरा
1 तेजपत्ता
2 लौंग
5 काली मिर्च
2 छोटी इलायची
1 बड़ी इलायची
1 इंच दालचीनी
1 जावित्री का टुकड़ा
1 इंच अदरक, कटा हुआ
2–3 हरी मिर्चें, बीच में से चीरी हुई
नमक स्वादानुसार
1 बड़ा चम्मच नींबू का रस

विधि

1. एक नॉन–स्टिक पैन में तेल गरम करें. इसमें जीरा डालें. जब जीरे का रंग बदलने लगे तब उसमें तेजपत्ता, लौंग, काली मिर्च, छोटी इलायची, बड़ी इलायची, दालचीनी और जावित्री डालें. कुछ सेकंड तक भूनें.

2. अदरक और हरी मिर्चें डालकर मध्यम आंच पर एक मिनट तक भूनें.

3. मकई के दाने और मशरूम डालकर दो–तीन मिनट तक और पकाएं. फिर इनमें चावल डालें. चावल को हल्के हाथों से एक मिनट तक चलाते रहें.

4. फिर तीन कप पानी और स्वादानुसार नमक डालें और एक उबाल लाएं.

5. ढककर मध्यम आंच पर पूरा पानी सूख जाने तक और चावल के गल जाने तक पकाएं. नींबू का रस डालें और हल्के हाथों से अच्छी तरह मिला लें.

6. गरमागरम सर्व करें.

टोमैटो एण्ड ब्लैक मशरूम रिसोटो

सामग्री

3 मध्यम आकार के टमाटर, ब्लांच करके बारीक काटे हुए

8-10 चेरी टमाटर

10-12 काले मशरूम

1½ कप चावल (अरबोरियो)

1 बड़ा चम्मच मक्खन

¼ कप व्हाइट वाइन

2 कप वेजिटेबल स्टॉक (पृष्ठ क्र. 18)

1 कप क्रीम रहित दूध

नमक स्वादानुसार

½ छोटा चम्मच काली मिर्च पाउडर

¼ कप कद्दूकस किया हुआ लो-फैट चीज़

विधि

1. मशरूमों को गरम पानी में भिगोएं. निथारें और फिर इनके बड़े-बड़े टुकड़े कर लें.
2. भारी पेंदे का पैन लेकर उसमें मध्यम आंच पर आधा बड़ा चम्मच मक्खन गरम करें. कटे हुए टमाटर डालें और उन्हें पूरी तरह पक जाने तक चलाते रहें.
3. कटे हुए मशरूम डालकर थोड़ी देर और भूनें. अरबोरियो राइस डालकर लगभग तीन से चार

मिनट तक चलाते रहें. व्हाइट वाइन डालें और तेज़ आंच पर लगातार चलाते हुए एक-दो मिनट तक पकाएं.

4. फिर इसमें स्टॉक डालें. उसके बाद आधा दूध डाल दें. आंच कम कर दें और मध्यम आंच पर हल्के हाथों से लगातार चलाते हुए पकाएं.

5. चावल को लगातार चलाते हुए पूरी तरह पक जाने तक पकाएं. नमक और काली मिर्च पाउडर डालें.

6. परोसते वक्त इसमें कद्दूकस किया हुआ चीज़, बचा हुआ मक्खन और क्रीम रहित दूध डालें और अच्छी तरह मिलाएं ताकि इसमें क्रीमी टेक्स्चर आ जाए. चेरी टमाटर से सजाकर गरमागरम रिसोटो सर्व करें.

शेफ़ का सुझाव

रिसोटो बनाने के लिए चावल को भिगोना ज़रूरी नहीं है. रिसोटो गाढ़ा और चिपचिपा होता है इसलिए इसे बनाने के लिए मोटे और स्टार्चयुक्त चावल इस्तेमाल करने चाहिए. यदि आपको अरबोरियो चावल नहीं मिल रहे हों या वो बहुत महंगे हों तो आप उनकी जगह खिचड़ी वाले चावल इस्तेमाल कर सकते हैं.

राइस विद स्ट्यूड मशरूम्स एण्ड चिकन

सामग्री

3 कप पके हुए चावल

10 ताज़े बटन मशरूम, चार टुकड़े किए हुए

¾ कप पका हुआ, लंबे पतले टुकड़े किया हुआ बोनलेस (हड्डी रहित) चिकन

1½ बड़े चम्मच लाइट सोया सॉस

¼ छोटा चम्मच MSG (ऐच्छिक)

2 छोटे चम्मच वाइन या शेरी (ऐच्छिक)

½ छोटा चम्मच काली मिर्च पाउडर

नमक स्वादानुसार

2 बड़े चम्मच तेल

2 हरे प्याज़, कटे हुए

5-6 लहसुन की कलियां, कटी हुई

1 इंच अदरक, कटा हुआ

1 कप चिकन स्टॉक (अगले पृष्ठ पर देखें)

2 छोटे चम्मच कॉर्नफ्लॉर

1 अंडे का ऑमलेट, लंबी पतली पट्टियों में कटा हुआ

विधि

1. एक बाउल में मशरूम और चिकन को मिक्स कर लें. फिर इसमें सोया सॉस, MSG, वाइन, काली मिर्च पाउडर और नमक डालकर एक बार फिर से अच्छी तरह मिला लें.

2. पैन में तेल गरम करें. इसमें हरा प्याज़, लहसुन और अदरक डालें और हल्के भूरे होने तक उन्हें भूनें.
3. फिर इसमें चिकन और मशरूम का मिश्रण डालकर एक मिनट और चलाएं.
4. चिकन स्टॉक डालें और एक उबाल लाएं. दो बड़े चम्मच पानी में कॉर्नफ्लॉर घोल लें और फिर इसे पैन में डालकर तब तक चलाएं जब तक कि सॉस गाढ़ा न हो जाए.
5. सर्विंग डिश में चावल फैला लें और फिर इस पर तैयार ग्रेवी डाल दें.
6. ऑमलेट की पट्टियों से सजाकर तुरंत सर्व करें.

चिकन स्टॉक

200 ग्राम चिकन की हड्डियों को 5 मिनट तक उबालें. निथारें और पानी फेंक दें. ब्लांच की हुई हड्डियों को मोटी कटी गाजर, सेलरी स्टॉक, लीक, 2-3 पार्सले स्टॉक, 6-7 काली मिर्च, 5-6 लौंग और 1 तेजपत्ते के साथ 10 कप पानी में उबालें.

ऊपरी सतह पर उठने वाले झाग को निकाल दें और उसमें उतना ही और ठंडा पानी मिला दें. इसे लगभग एक घंटे तक धीमी आंच पर उबलने दें.

फिर आंच पर से उतार लें. इसे छानें और ठंडा होने के बाद रेफ्रिजरेटर में स्टोर करके रखें. आवश्यकता पड़ने पर निकालकर इस्तेमाल करें.

स्पिनेच एण्ड मशरूम रिसोटो

सामग्री

½ गुच्छा (125 ग्राम) पालक, मोटा कटा हुआ

4–5 ताज़े बटन मशरूम, फांकें किए हुए

1½ कप उकड़ा चावल

5 बड़े चम्मच मक्खन

1 मध्यम आकार का प्याज़, कटा हुआ

4–5 लहसुन की कलियां, कटी हुई

1 कप व्हाइट वाइन

3½ कप वेजिटेबल स्टॉक (पृष्ठ क्र. 18) या पानी

नमक स्वादानुसार

¾ कप कद्दूकस किया हुआ पार्मेसान चीज़

½ छोटा चम्मच काली मिर्च पाउडर

½ कप ताज़ा क्रीम

विधि

1. चावल धोएं और दो घंटे तक पानी में भिगोकर रखें.
2. एक गहरी माइक्रोवेव सेफ डिश लेकर उसमें तीन बड़े चम्मच मक्खन, प्याज़, लहसुन और मशरूम मिला लें. HIGH (100%) पर बिना ढके तीन मिनट तक पकाएं.

3. इसमें चावल, वाइन, आधा स्टॉक और नमक मिलाकर फिर से HIGH (100%) पर दस मिनट तक पकाएं.
4. बचा हुआ आधा स्टॉक डालकर एक बार फिर से HIGH (100%) पर दस मिनट तक पकाएं.
5. पालक, चीज़, काली मिर्च पाउडर और क्रीम डालकर अच्छी तरह मिला लें. बिना ढके HIGH (100%) पर और दो मिनट तक पकाएं.
6. बचा हुआ दो बड़े चम्मच मक्खन डालकर अच्छी तरह से मिक्स करें और गरमागरम रिसोटो सर्व करें.

शेफ़ का सुझाव

पारंपरिक रूप से रिसोटो अरबोरियो राइस से बनाया जाता है और इसे धीमी आंच पर काफी देर तक पकाया जाता है. पकाते वक्त इसमें थोड़ा-थोड़ा स्टॉक डाला जाता है. प्रस्तुत विधि रिसोटो बनाने की एक झटपट विधि है.

शब्दावली

English	हिंदी
Apple	सेब
Baby potatoes	छोटे आलू
Bay leaf	तेजपत्ता
Beetroot	चुकंदर
Black cardamoms	बड़ी इलायची
Black peppercorns	काली मिर्च
Black salt	काला नमक
Breadcrumbs	ब्रेड का चूरा
Butter	मक्खन
Cabbage	पत्तागोभी
Capsicum	शिमला मिर्च
Carom seeds	अजवाइन
Carrots	गाजर
Cashew nuts	काजू
Cherry tomatoes	छोटे टमाटर
Cinnamon	दालचीनी
Cloves	लौंग
Cottage cheese	पनीर
Cream (dairy)	मलाई
Cucumber	ककड़ी/खीरा
Cumin seeds	जीरा
Dried red chillies	सूखी लाल मिर्च
Egg	अंडा
Fresh basil leaves	तुलसी की पत्तियां
Fresh coriander leaves	हरा धनिया
Fresh mint leaves	पुदीने की ताज़ी पत्तियां

English	हिंदी
Fresh spinach leaves	पालक के ताज़े पत्ते
Garlic cloves	लहसुन की कलियां
Gram flour	बेसन
Green cardamoms	छोटी इलायची
Green peas	मटर
Honey	शहद/मधु
Iceberg lettuce	सलाद के पत्ते
Indian gooseberry	आंवला
Mace	जावित्री
Mushrooms	कुकुरमुत्ता/गुच्छी/ढिंगरी/खुंब
Mustard	राई
Nutmeg	जायफल
Olive	जैतून
Parboiled rice	उकड़ा चावल
Poppy seeds	खसखस
Prunes	सूखे आड़ू
Puffed lotus seeds	मखाने
Refined flour	मैदा
Saffron	केसर
Sesame	तिल
Skimmed milk	बिना मलाई का दूध
Spring onion greens	हरे प्याज़ की पत्तियां
Star anise	चक्री फूल/बादियान
Sweetcorn kernels	मकई के दाने
Tomato purée	पीसे हुए टमाटर
Turmeric powder	हल्दी पाउडर
Unripe bananas	कच्चे केले
Vermicelli	सेवईं
Vinegar	सिरका
White pepper	सफ़ेद मिर्च
Yogurt	दही

मशरूम के बारे में

मशरूम खरीदना व रखना

हमेशा ताज़े मशरूम ही खरीदें. हालांकि सूखे मशरूम भी स्वादिष्ट लगते हैं परंतु ध्यान रखें कि उन पर काले धब्बे या छेद न हो. मशरूमों को हमेशा कागज़ के बैग में या पेपर टॉवेल में लपेट कर फ्रिज में रखें. सूखे मशरूमों को हवाबंद डिब्बे में रखें.

मशरूम साफ करना

मशरूम को छीले नहीं बस उसके डंठलों को काट दें और फिर मशरूमों पर मैदा छिड़ककर हल्के से रगड़ लें. उसके बाद उन्हें बहते पानी के नीचे धोलें. पोंछकर आवश्यकतानुसार इस्तेमाल करें. सूखे मशरूमों को इस्तेमाल करने से पहले उन्हें लगभग तीस मिनट तक पानी या चिकन ब्रॉथ में भिगोकर रखें. कुछ मशरूमों जैसे पोर्टोबेलो और शाइटिके के डंठल बहुत कड़क होते हैं उन्हें निकाल देना चाहिए.

मशरूम पकाना

मशरूमों को हमेशा पकाकर ही खाना चाहिए. मशरूमों को थोड़े से मक्खन या तेल में तेज आंच पर पकाना चाहिए. उन्हें तेजी से और थोड़ी देर तक ही पकाना चाहिए नहीं तो वे काले पड़ जाते हैं. जंगली मशरूमों को पकाने में उगाए गए मशरूमों की तुलना में अधिक समय लगता है. अल्युमिनियम के पैन में मशरूम जल्दी काले पड़ जाते हैं अतः इस तरह के पैन का इस्तेमाल ना करें.